ໄດໂນເສົາ

โดย อ่ຽงแກ້ອ
ຮູບໂດย จอบ โธเบ็ด อาฆุเฮโล

Library For All Ltd.

ໄຄໂບເສົ່າ

ພິມຄັ້ງທຳອິດ 2022

ຈັດພິມໂດຍ: ອົງການ Library For All
ອີເມວ: info@libraryforall.org
URL: libraryforall.org

ຮູບແຕ້ມຕົ້ນສະບັບໂດຍ ຈອນ ໂຮເບິດ ອາຊຸເອໂລ

ໄຄໂບເສົ່າ
ອຽງແກ້ວ
ISBN: 978-9932-14-015-2
SKU02471

ໄດໂບເສິໆ

ໄທຮາໂບຂຸຣັສ ເຣັກ

ໄທຣເຊຣາທອບສ໌

ວິໂລຊີແຣບເຕີ

ສະເໜີໂກຊໍຣັສ

ສະໄປໂບຊຳຣັສ

ອາກາດແຖວອບເຕຣິກຊ໌

ບຣາໂຄໂອຊຸຣັສ

ຮັລໂລຂໍຣັສ

ຊາປາໂຕຊຸຣັສ

ກິໂລໂຟຊຳຣັສ

ແອງໄຄໂລຊຳ ຮັສ

ຂໍ້ມູນທາງບັນນາບຸກິມຂອງຫໍສະໝຸດແຫ່ງຊາດ

ອຽງແກ້ວ
    ໄດໂບເສົ່າ / ໂດຍ ອຽງແກ້ວ. -- ອຽງຈັນ: ປຶ້ມອ່ານ, 2022
    18 ໜ້າ : ພາບປະກອບສີ ; 26 ຊມ
    1. ວັນນະກໍາສໍາລັບເດັກ
    I. ຊື່ເລື່ອງ
808.068 -- dc21
    ເລກທະບຽນພິມຈໍາໜ່າຍ: 056 / ອພຈ07052029
    ISBN 978-9932-14-015-2

ເຈົ້າສາມາດໃຊ້ຄຳຖາມດັ່ງລຸ່ມນີ້ເພື່ອ
ສິບທະບາກ່ຽວກັບເລື່ອງທີ່ອ່ານກັບ ຄອບຄົວ,
ໝູ່ ແລະ ຄູອາຈານ.

ເຈົ້າໄດ້ຮຽນຮູ້ຫຍັງຈາກເລື່ອງນີ້?

ຈົ່ງອະທິບາຍເລື່ອງນີ້ ໂດຍໃຊ້ຄຳບັບຍາຍ
1ຄຳ. ຕະຫຼົກ? ຢ້ານ? ມິສິສັນ? ໜ້າສົນໃຈ?

ເມື່ອອ່ານຈົບແລ້ວ,
ເລື່ອງນີ້ໃຫ້ຄວາມຮູ້ສຶກຫຍັງແດ່?

ໃນເລື່ອງນີ້, ເຈົ້າມັກສິ່ງໃດຫຼາຍທີ່ສຸດ?

ກ່ຽວກັບຜູ້ປະກອບສ່ວນ

ອຽງແກ້ວ ມີຄວາມຮັກມັກ ກ່ຽວກັບປະຫວັດສາດ ໃນແຕ່ລະຍຸກ ແລະ ຢາກແບ່ງປັນ ມີຫາບ ໃຫ້ກັບເດັກນ້ອຍ. ປະຫວັດສາດ ມີຄວາມລັບຫຼາຍຢ່າງ ເຊິ່ງ ໜ້າສົນໃຈ ແລະ ໜ້າ ຮຽນຮູ້ ສຳລັບທຸກໆຄົນ.

ປຶ້ມທິວບໍ່ມອບບໍ?

ພວກເຮົາມີປຶ້ມຫຼາຍຮ້ອຍຫິວໃຫ້ເລືອກອ່ານ.

ພວກເຮົາຮ່ວມມືກັບນັກຂຽນ, ຜູ່ຊ່ານດ້ານການສຶກສາ, ທີ່ປຶກສາທາງດ້ານວັດທະນະທຳ, ລັດຖະບານ ແລະ ອົງກອນທີ່ບໍ່ຂຶ້ນກັບລັດຖະບານ ເພື່ອນຳຄວາມເພີດເພີນ ໃນການ ອ່ານໃຫ້ກັບເດັກນ້ອຍທິວທຸກແຫ່ງ.

ຮູ້ບໍ?

ພວກເຮົາສ້າງການປ່ຽນແປງທີ່ດີໃນຂົງເຂດນີ້ ໂດຍປະຕິບັດ ເປົ້າໝາຍ ການພັດທະນາແບບຍືນຍົງຂອງສະຫະປະຊາຊາດ.

libraryforall.org

9 789932 140152